ROMANCES,

PAR M. BERQUIN.

A PARIS,
Chez RUAULT, Libraire, rue de la Harpe.

M DCC LXXVI.
AVEC APPROBATION ET PRIVILEGE DU ROI.

C. P. Marillier inv. N. Ponce Sculp. 1776.

DISCOURS
SUR
LA ROMANCE.

La premiere piece de vers connue en notre langue, eſt la Romance de Roland que les Soldats de Charlemagne avoient coutume de chanter en marchant au combat. Ce témoignage d'antiquité, porté en faveur de la Romance par toutes nos vieilles chroniques, nous montre en même temps quel fut ſon premier caractere. Née au milieu d'un Peuple qui ne reſpiroit que la guerre, elle vit ſon enfance toute conſacrée aux Chants guerriers. Le régime féodal formant à nos grands Vaſſaux de la Couronne de petits États qu'ils s'efforçoient d'aggrandir par des usurpations continuelles, lui conserva pendant quelque temps ce caractere belliqueux. Bientôt l'équilibre qui s'établit peu à peu entre les forces de ces petits Souverains, à la place de la rivalité d'ambition, en produisit une de plaisirs & de magnificence. Les Châteaux ne furent plus seulement des forteresses, ils devinrent des Cours brillantes où l'institution de la Chevalerie porta les délicatesses de la galanterie la plus rafinée. La Romance fut alors contrainte d'adoucir un peu son humeur martiale, & de prendre ce ton amoureux & poli qui régnoit dans toutes les Sociétés. Ce fut le moment de son plus beau triomphe. Portée par les Troubadours Provençaux dans toutes les Cours de l'Europe, elle en devint l'amusement favori.

Les nobles amours des Chevaliers, leurs prouesses dans les joûtes & dans les combats, les avantures des Dames outragées qui réclamoient leurs secours, lui fournissoient un mélange heureux des peintures les plus intéressantes. Les Poëtes Romanciers voyageant de contrée en contrée comme les Arions, les Orphées, & les Simonides recevoient par-tout l'accueil le plus distingué. Leur passage dans les Cours étoit signalé par des fêtes si brillantes que les Grands eux-mêmes devinrent jaloux des honneurs qu'ils leur rendoient. La plupart ne voulurent plus confier qu'à leurs propres talens le renom de leur bravoure, de la beauté de leurs Maitresses & de la magnificence de leurs Palais. Ce goût une fois adopté par les Princes passa bientôt, selon l'usage, aux derniers de leurs Vaſſaux. La Romance fut inſenſiblement livrée à de vils Jongleurs ; dégradation fatale, qui lui porta le coup le plus dangereux. Elle ſe ſoutint cependant par le fanatiſme de Religion que les Croiſades venoient d'enflammer, & dont elle ſut tirer parti dans ſes Chants. La nouveauté des mœurs des Orientaux, le goût des fictions qu'elle prit dans leur commerce, flattant l'imagination & nourriſſant la curioſité, la retint encore ſur le penchant de ſa décadence. Mais nos guerres ſanglantes contre les Anglois, le diſcrédit où tomba la Chevalerie à la mort de Bayard, ſon dernier appui, avancerent tellement ſa ruine, que le Vaudeville n'eut qu'à paroître pour achever de la détruire dans tous les eſprits.

Muette dans toute la durée du regne de ſon

vainqueur, la Romance n'a osé reprendre sa voix qu'en le voyant lui-même abandonné à son tour par notre goût volage. Les efforts qu'elle a hasardés vers le milieu de ce siecle ont fait concevoir à ses Partisans les espérances les plus flatteuses. Eh! comment les Romances de Comminge, de Gabrielle de Vergi, d'Alexis, de la Comtesse de Saulx n'inspireroient-elle pas le plus vif desir de voir revivre un genre de Poésie si gracieux & si intéressant? Tous nos voisins semblent d'ailleurs nous inviter à former avec eux une confédération en sa faveur. Le Recueil donné il y a quelques années en Suisse des Chantres d'Amour Allemands, les anciennes Ballades publiées depuis peu en Angleterre, les éditions du Romancier général multipliées tous les jours en Espagne, les recherches faites en Italie pour le même objet ; la traduction Angloiſe des ſublimes Romances d'Oſſian, celle qu'une main habile ſe prépare à nous en donner dans notre langue ; tout cela n'annonce-t-il pas les diſpoſitions les plus propres à favoriſer ſon retour ? Et qu'on ne diſe pas que dans la corruption de nos mœurs & de nos goûts, un Poëme auſſi ſimple ne peut être accueilli. Quoi donc ! ſur nos Théâtres & dans nos Romans, n'accueille-t-on pas tous les jours les moindres traits de naturel & de vérité ? Et quel genre en eſt plus ſuſceptible ? Les femmes, diſoit un homme d'eſprit, ſont ſi raſſaſiées de jolies phraſes, qu'il ne reſte plus d'autre moyen de réuſſir auprès d'elles, que de parler à leur raiſon. Après tous les genres faux & biſarres imaginés, de nos jours, pour réveiller la ſatiété du Public, un genre auſſi vrai & auſſi naïf n'eſt il pas la ſeule nouveauté qui reſte à lui préſenter ?

Je ne me ſuis point aveuglé ſur les obſtacles que je dois craindre dans cette entrepriſe. Si malgré le ſecours de ſes armes aiguës, le Vaudeville n'a pu ſe garantir des uſurpations de l'Ariette, comment la Romance pourra-t-elle ſe défendre contre cette dangereuſe étrangere, n'ayant à lui oppoſer que ſa candeur & ſa timidité ? L'Ariette, flattant l'orgueil des gens du monde, doit, je l'avoue, offrir à leurs yeux des charmes plus piquans que ceux de la Romance. Celle-ci, ſimple & populaire, leur fait craindre de compromettre leur dignité. Celle-là, brillante & recherchée comme leurs vêtemens, ſuperbe & faſtueuſe comme leurs manieres, ſemble offrir à leur vanité un luxe nouveau, & les diſtinguer autant du Peuple que leurs équipages & leurs Palais.

Le ton de légéreté, le goût des jeux frivoles qui regnent aujourd'hui dans nos cercles y aſſurent à l'Ariette un nouveau triomphe dans la concurrence. La multitude & la variété des plaiſirs que la Société raſſemble autour d'elle nous portant à croire qu'on ne peut être heureux que par des jouiſſances bruſques & paſſageres, on ne veut s'arrêter qu'un inſtant ſur chaque objet pour en parcourir un plus grand nombre, & l'Ariette, vive & rapide, ſe prête merveilleuſement à cette légereté. Auſſi n'eſt-ce point au milieu de ce fracas & de ces tourbillons que la Romance doit eſpérer d'établir ſon empire.

Bienfaiſante

Bienfaisante même envers ceux qui dédaignent de l'introduire dans leurs cercles brillans, c'est dans ces momens, où, abandonnés à eux-mêmes, ils deviendroient la proie de l'ennui, qu'elle leur offre ses généreux secours. Quel avantage elle prend alors sur sa rivale! Le calme & la solitude disposant l'âme à une douce mélancolie, avec quel charme elle s'empare de toute notre sensibilité! Comme sa physionomie expressive & touchante, comme ses accens plaintifs nous émeuvent! Combien l'attendrissement où elle nous plonge laisse dans nos cœurs d'aimables impressions! L'Ariette est une de ces personnes dont les discours brillans nous amusent dans la Société, mais pour qui rien ne nous intéresse, & qui, dans le tête à tête, nous deviendroient importunes.

La Romance eſt un ami qu'on retrouve toujours avec une ſatisfaction inexprimable, & dont la ſolitude nous fait encore mieux goûter les épanchemens affectueux.

Indépendamment des obſtacles que la concurrence dangereuſe de l'Ariette peut oppoſer au ſuccès de la Romance, il faut convenir que le genre offre en ſoi des difficultés bien pénibles à vaincre. Dans un Poëme où le recit, la deſcription & le dramatique s'entremêlent à chaque inſtant, on ſent combien il faut d'adreſſe pour que ces parties, qui demandent chacune un ſtyle particulier, ne ſe heurtent point entr'elles & puiſſent également ſe ſoumettre à un même caractère de chant. D'ailleurs, la Romance a une double deſtination. En s'occupant des facilités qu'il doit donner au Musicien, le Poëte songe aussi à son Lecteur, auprès duquel personne ne vient lui disputer, comme dans le chant, la moitié de sa gloire. Si le premier lui demande des chûtes de distiques égales, une coupe de vers uniforme, peu d'inversions dans ses tours, c'est précisément tout le contraire que le second attend de lui. Quelle flexibilité de goût & de génie n'exigent donc pas ces prétentions opposées, pour que chacun puisse se vanter en secret d'avoir été l'objet particulier des complaisances du Poëte?

C'est une loi commune à toute espece de Poëme en action, que cette action, engagée avec intérêt, se développe avec aisance, & marche avec rapidité; que les situations qu'elle amene se succedent heureusement, assez distinctes pour ne pas se confondre, assez rapprochées pour soutenir l'une par l'autre leurs impressions; que les réflexions & les sentimens jettés dans les intervalles ne servent qu'à animer davantage les peintures, sans embarrasser la conduite, ni refroidir l'intérêt. Or, ces conditions, si difficiles à remplir dans tout Poëme, non-seulement le deviennent davantage dans la Romance par la mesure précise de ses couplets, mais encore elles laissent bien moins de ressources au Poëte pour déguiser sa négligence à les observer, ou son impuissance d'y réussir. Dans un récit affranchi du rythme périodique, le Lecteur à qui vous laissez entrevoir confusément le but auquel vous voulez le mener, sans lui marquer les pas qu'il lui faudra faire pour y parvenir, s'abandonne aveuglément à votre conduite. Si la route que vous lui ouvrez lui promet du plaiſir, il vous ſuit, occupé uniquement à recueillir les fleurs que vous jettez ſur ſon paſſage. Quelques écarts légers, les inégalités même de votre marche ne le rebutent point. Comme vous le tenez continuellement en haleine, en allant devant lui & en lui préſentant une amorce qui l'attire, la crainte de vous perdre, s'il s'arrête un moment, l'engage à régler ſes pas ſur les vôtres, à les preſſer ou à les rallentir ſans murmure. Parvenu une fois au terme, & content du voyage, il ne s'aviſe point de revenir ſur ſes traces pour remarquer les endroits, où peut-être lui avez-vous fait éprouver quelque légere fatigue. Il eſt arrivé ; ſa route en général a été gracieuſe : il ne vous doit que des remercimens.

Il en eſt tout autrement du Poëme partagé par meſures égales. Comme le Lecteur apperçoit de diſtance en diſtance des repos marqués, où il pourra s'arrêter à ſa fantaiſie & vous retenir vousmême auſſi long-temps qu'il lui plaira, cette eſpece d'empire que vous lui laiſſez prendre ſur ſon guide, le rend plus difficile ſur les agrémens de la route. La fin de chaque couplet eſt comme une borne ſur laquelle il va s'aſſeoir pour jetter un coup d'œil ſur le dernier eſpace qu'il a parcouru, prêt à ſe plaindre d'un ſeul pas détourné ou d'un mouvement tant ſoit peu bruſque que vous lui aurez fait faire. Il faut donc le conduire ſi uniment & par une route ſi agréable qu'il n'ait pas beſoin de s'arrêter à ces lieux de repos, ou lui donner d'abord une ſecouſſe ſi forte qu'il les franchiſſe ſans les appercevoir & ſe précipite de couplet en couplet juſqu'à l'événement.

Si j'ai fait remarquer les difficultés attachées au rythme périodique, c'eſt moins pour m'applaudir de les avoir vaincues, que pour me ménager une excuſe lorſque j'aurai été contraint d'y céder. Mais quel fruit ne retireroit pas de ſon triomphe le génie heureux qui les auroit ſurmontées? L'avantage qu'un bon vers a ſur la proſe, un bon couplet l'obtient ſur la marche libre des vers. Le cercle étroit dans lequel l'un & l'autre ſe reſſerrent, la proſcription qu'ils exercent également ſur le mot oiſif & ſur le trait inutile, donnent à l'image, à la penſée, ou à l'action bien plus de vie, de juſteſſe, ou de rapidité; l'harmonie y prend une cadence bien plus marquée; la phraſe des formes bien plus nombreuſes & bien plus arrondies, & l'expreſſion un caractere ou bien plus mâle ou bien plus gracieux.

Un autre avantage du couplet, c'eſt que chaque partie de l'action préſentée dans un tableau ſéparé, forme elle-même une action particuliere, qui, ſans nuire à l'impreſſion totale du ſujet, répand ſur ſoi un intérêt plus attachant. Qu'un peintre me repréſente ſur la même toile tous les détails de l'hiſtoire de Genevieve, ma vue ſera d'abord frappée de l'aſpect général de ces divers incidens réunis. Mais bientôt embarraſſé par la confuſion des peintures qui s'offriront tout à la fois à mes regards, ou je m'attacherai uniquement à l'image la plus frappante, ne portant qu'une vue dédaigneuſe ſur celles qui l'environnent,

ou

ou ſi aucune d'elles ne tranche ſur les autres, un coup d'œil rapide ſur ce grouppe monotone & fatigant ſera le ſeul hommage que le Peintre obtiendra de ma curioſité rebutée. Qu'il peigne au contraire les divers traits de la vie de ſon Héroïne dans une ſuite de tableaux; alors la liberté qu'il aura de rendre chaque ſituation de ſes perſonnages dans un câdre iſolé, m'y fera porter une attention plus vive & moins diſtraite. S'il a eu l'adreſſe de ſaiſir l'inſtant où l'action, non-ſeulement inſpire pour elle même le plus grand intérêt, mais auſſi me pénetre d'une inquiete ardeur d'apprendre les ſuites qu'elle doit produire, l'œil encore attaché ſur ce tableau, je paſſe à celui qui le le ſuit, bien mieux diſpoſé à ſaiſir tout ſon effet. Par-là, j'ai le double plaiſir d'être toujours plein à la fois & de l'action qui vient de me frapper, & de celle dont j'attends l'impression. Toujours impatient & toujours satisfait, j'arrive à la dernière catastrophe, & j'emporte dans ma mémoire des traces profondes & distinctes de tous les événemens.

Enfin, le troisieme avantage du couplet est le secours que par son moyen la Romance emprunte du chant. Quoique j'aie mis à choisir & à travailler mes sujets autant de soin que si tout leur effet eût dû être attaché à la simple lecture, je ne laisse pas de réclamer pour eux le charme qu'une voix douce & tendre peut leur prêter. Qu'il me soit permis d'exposer ici le tableau que j'ai osé quelquefois m'en former dans mes rêveries.

Avec quel transport je me représentois une

famille raſſemblée autour de ſon foyer dans une ſoirée d'hiver ! Le pere, qui n'a d'autres joies que celles de ſa femme & de ſes enfans, cherche un plaiſir qu'ils puiſſent tous partager avec lui. La Romance de Genevieve lui revient dans la mémoire, il propoſe à ſa fille Agathe de la chanter. Agathe, pour qui l'occaſion de s'abandonner à la ſenſibilité qui domine ſon jeune cœur eſt une volupté céleſte, cede avec joie à cette douce invitation. Elle commence avec une grâce qui diſpoſe toute l'aſſemblée au recueillement. A meſure qu'elle s'engage dans le ſujet, ſa voix, qui n'étoit d'abord que flexible & mélodieuſe, prend par degrés les ſons les plus touchans, les inflexions les plus tendres & les plus pathétiques. Animée par la variété des ſituations & des ſentimens qu'elle a à peindre & par la douceur de ſe livrer au mouvement voluptueux qui l'agite ſans alarmer ſa pudeur, elle ſe pénetre encore de l'impreſſion d'attendriſſement qu'elle a répandu ſur tout ce qui l'entoure. Ses traits délicats où toutes les émotions de ſon âme ſe réfléchiſſent, l'éclat de ſes yeux un peu obſcurci par les larmes dont ils ſont baignés, tout en elle s'allie aux modulations plaintives de ſa voix. Un ſilence profond régnoit dans l'Aſſemblée, il eſt bientôt rompu par des ſoupirs étouffés. Les infortunes de Genevieve ne ſont encore qu'à moitié peintes, & la pitié a déja pris un tribut de pleurs. Heureux l'Etranger admis à cette fête délicieuſe! Plus heureux mille fois le Poëte qui pourroit recueillir ce fruit de ſes chants! Dans quel raviſſement il verroit ces parents enchantés embraſſer leur fille chérie! Avec quelle ivreſſe il oſeroit prendre lui-même ſous leurs yeux un baiſer auſſi enflammé qu'innocent! Et qui ſait ſi les plaiſirs de cette ſoirée ne ſeront pas pour l'heureuſe famille la ſource d'une plus longue félicité! Qui ſait ſi ces bons parens retirés dans leur couche & ſe félicitant dans leurs chaſtes embraſſemens d'avoir donné le jour à une fille ſi digne de leur tendreſſe, ne s'occuperont pas avec plus d'ardeur de ſon établiſſement, s'ils ne s'animeront pas d'un nouveau zele pour rendre leurs autres enfans également dignes de leur amour. L'un ſe propoſera de redoubler d'activité & de vigilance dans ſes affaires, l'autre ſongera à mettre plus d'arrangement & d'économie dans ſon ménage. Agathe, de ſon côté, émue encore d'une agitation profonde, éprouvant, malgré la frivolité des pensées de ſon âge, que les plaiſirs de famille ſont les plus vrais & les plus doux, voudra porter ce goût dans l'union prochaine qu'elle doit former. La tendreſſe de Genevieve, ſa fidélité inébranlable, ſa patience dans les malheurs alumeront dans ſon âme l'enthouſiaſme des mêmes vertus. Quelles épreuves lui ſembleroient maintenant trop rudes pour ſe conſerver à l'époux que ſon cœur a choiſi & que ſa famille lui a deſtiné ? Voilà comment la Romance, entretenant dans les familles une douce correſpondance de plaiſirs entre les époux, & les peres & les enfans, peut y conſerver le goût de l'innocence & de la ſimplicité, & y ouvrir une retraite ſacrée aux bonnes mœurs contre les pourſuites du luxe & du libertinage.

C'eſt en portant cette vue d'utilité ſur la Romance, que j'ai ſongé à l'étendre un jour à deux claſſes de perſonnes trop négligées juſqu'ici par nos Poëtes, je veux dire les jeunes filles & les enfans. Un choix d'aventures propres à faire éclorre dans leurs âmes les vertus de leur âge, ou à fortifier le germe des vertus d'un âge plus avancé, me paroît un de ces projets qu'un homme, après les avoir conçus, ne peut négliger ſans devenir traître à l'humanité. Auſſi en expoſant celui-ci ai-je moins penſé à contracter avec le Public un engagement ſuperflu, qu'à me féliciter d'en avoir le premier parmi nous imaginé l'idée. Oh! combien la réſolution de l'exécuter eſt immuablement arrêtée dans mon âme! Indépendamment du devoir de Citoyen que j'y attache, quel travail plus ſatisfaiſant puis-je me propoſer? Le Philoſophe qui fait de l'homme l'objet de ſes méditations, effrayé du ſpectacle affreux que ſes vices lui préſentent, ne riſque qu'en tremblant ſa confiance dans les vertus même qu'il apperçoit. Et moi dans les ſujets que j'ai choiſis, tout me préſente d'aimables idées & de flatteuſes eſpérances. Ces défauts naiſſans, l'éducation, mes Chants même peuvent les transformer en qualités heureuſes; ils peuvent porter juſqu'à l'héroïſme ces jeunes vertus. Si, par une illuſion enchantereſſe de ſon imagination, le Poëte a toujours ſous ſes yeux les perſonnages qu'il introduit dans ſes Chants; ſi j'ai fait ſurtout cette ſenſible expérience en ſuivant mon Maître Geſſner dans les vallons de la Theſſalie, au milieu de ſes innocens Bergers, ici je raſſemble encore autour de moi les objets les plus doux, les plus intéreſſans de toute la Nature. O Dieu! ne plus rencontrer dans ſes promenades une jeune fille, ou un enfant, ſans ſe dire: Mes vers vont bientôt habiter ſur ces levres ingénues & vermeilles; mon nom n'y ſera prononcé qu'avec un ſourire de bienveillance. Toute cette génération qui s'éleve, toutes celles qui vont la ſuivre, seront pour moi des générations d'amis! Lorſque l'âge amortiſſant un peu cette fureur de travail qui me dévore, me rendra le commerce de la Société plus néceſſaire, je ne m'y trouverai point étranger. J'y aurai formé de loin les liaiſons les plus tendres. Quelques lieux que j'habite, je me verrai avec des perſonnes accoutumées à me chérir. Dans ces heures délicieuſes de la matinée, où la fraîcheur de l'air, le calme des ſens, le baume que le ſommeil a laiſſé dans nos veines nous font trouver dans la moindre impreſſion qui nous flatte, une ſource de volupté & de béatitude, quel plaiſir de ſe figurer, ici, une mere tendre qui inſtruit à chanter ma Romance le jeune enfant aſſis ſur ſes genoux; là, un vieillard qui a voulu auſſi l'apprendre pour en devenir plus utile & plus cher à ſes petits neveux! Peut-être m'arrivera-t-il quelquefois d'être témoin de ces ſcênes touchantes, & je ne mourrai point ſans avoir vu dans le cœur & dans la mémoire de tous ceux qui m'entourent les gages de la plus précieuſe immortalité.

L'INNOCENCE

L'INNOCENCE
RECONNUE.

ROMANCE PREMIERE.

Le sujet de cette Romance est tiré d'une Vie de GENEVIEVE DE BRABANT, *composée en 1723 par le P.* CERIZIERS *de la Compagnie de Jesus. Cet Ouvrage, qui fait partie de la Bibliotheque Bleue, écrit, en quelques endroits, avec une affectation ridicule, est plein de morceaux de la simplicité la plus noble & la plus onctueuse. Je ne suis pas le seul à qui la lecture de cette Histoire pathétique ait inspiré le dessein de la mettre en Chant. On connoît assez le Cantique populaire de Sainte Genevieve des Bois, que tous les enfans ont chanté cent fois avec leur Bonne, & dont la plupart ont conservé le souvenir dans un âge plus avancé. Il suffira, pour le rappeller dans les mémoires les plus ingrates, de leur citer ces vers :*

Etant Comtesse
De grand'noblesse,
Née au Brabant
Etoit assurément.

Il n'est personne dont les idées ne se réveillent à ce passage fameux.

ROMANCES.

L'INNOCENCE *RECONNUE.*

PREMIERE PARTIE.

LAISSEZ-LA ces méchantes âmes ;
Eh ! qu'importent leurs faux diſcours ?
Epoux, n'en croyez que vos femmes,
Dormez en paix ſur vos amours.
Pour de vains bruits, faut il contre elles
Armer votre cœur prévenu ?
Tel qui vous les dit infidelles,
Ne ſe plaint que de leur vertu.

Un exemple en eſt dans l'Hiſtoire,
Je le conſacre dans ce Chant.
Il eſt doux d'acquérir ſa gloire
A peindre un tableau ſi touchant!
Mais que ſont ces palmes flatteuſes,
Sans un prix plus cher à mon cœur?
Femmes, ſoyez toutes heureuſes,
Et rien ne manque à mon bonheur.

Belle en ſa fleur d'adoleſcence,
Fille des Princes du Brabant,
Genevieve avoit l'innocence,
Et les mœurs ſimples d'un enfant.
Vingt Barons s'offroient à lui plaire,
Siffroi Palatin eut ſes vœux;
Aux nœuds d'Amour, Hymen ſon frere
Joignit bientôt de plus ſaints nœuds.

ROMANCE I.

Un Amant près de ſa Maitreſſe,
C'eſt le portrait de nos époux.
Ces premiers feux de leur tendreſſe,
Comme ils ſont vifs, comme ils ſont doux!
Soins careſſans, muet langage,
Nouveau délice chaque jour.
Une Colombe, en leur ménage,
Auroit pris des leçons d'amour.

Mais l'époux reçoit des nouvelles;
Adieu ſon innocent plaiſir.
Pour combattre les Infidelles,
L'ordre eſt preſſant, il faut partir.
Cruels aſſauts que dans ſon âme
L'amour vient livrer à l'honneur!
L'honneur eſt beau; mais fuir ſa femme,
Ce ſeul penſer lui fend le cœur.

Doucement un jour il ſe leve
Aux premiers rayons du ſoleil,
Regarde en pleurant Genevieve,
Qui repoſe en un doux ſommeil;
Et plus d'une ſi chere image
Il voudroit repaître ſes yeux,
Plus il craint d'uſer ſon courage,
S'il oſe riſquer des adieux.

Il va, revient: à ſon oreille
La Gloire jette un cri guerrier,
Il part. Genevieve s'éveille:
Il preſſe au loin ſon beau courſier.
O Genevieve! quelle épreuve
Pour un cœur neuf comme le tien!
Te trouver ainſi demi-veuve
Aux premiers jours de ton hymen!

Epris dès long-temps de ses charmes,
Son Intendant brûle en secret;
Il la voit plus belle en ses larmes,
Il tente un criminel projet.
Genevieve de son audace
Ne le reprend qu'avec douceur;
Et lui, pour prix de cette grâce,
Veut la couvrir de deshonneur.

Moins triste, un jour, par un Message,
Elle mandoit à son époux :
» Mon sein, cher Ami, porte un gage
» Que votre amour me rend bien doux. »
« Non, Seigneur, mande le Faussaire,
« La perfide trompe vos feux;
« Son fruit est un fruit adultere :
« Lisez ses complots amoureux. »

Sans qu'un regret troublât ſon âme,
Le Comte eût vu ſes biens périr;
Sans donner des pleurs qu'a ſa femme,
Il auroit vu ſes jours finir;
Mais que cette femme adorée
Verſe l'opprobre ſur ſon front!
Quelle horreur! ſon âme navrée
Frémit de rage à cet affront.

Dans ſon premier feu de vengeance,
Inacceſſible à tout remord,
Il veut qu'on lave ſon offenſe:
Sa femme eſt vouée à la mort.
L'ordre eſt parti. Son cœur murmure,
Par un autre ordre il s'en départ.
» Qu'on ſauve, dit-il, la parjure! »
Ah, malheureux! il eſt trop tard.

AVANT la grâce, hélas! le Traître
A reçu l'ordre rigoureux:
Il se hâte, il connoît son Maître,
Il craint un retour généreux.
Genevieve vient d'être mere,
Elle nourrit son bel enfant;
Foible appui contre la colere
Allumée au cœur d'un méchant!

A deux brigands couverts de crimes
L'ordre est donné. Dans la forêt
Ils traînent leurs tendres victimes.
L'enfant est nud, le fer est prêt.
» Voudriez-vous, leur dit Genevieve,
» Me tuer deux fois, mes amis?
« Ah! par pitié, que votre glaive
» M'égorge au moins avant mon fils. »

O doux pouvoir de l'innocence !
L'un des féroces aſſaſſins
Leve ſon bras, ſon bras balance,
Le poignard échappe à ſes mains.
» Eh ! quelle foibleſſe mon âme
» Reſſent pour la premiere fois ?
» Je ne puis tuer cette femme !.....
» Allez, ſauvez-vous dans ces bois. »

La pauvre mere, preſque morte,
Se leve, court à ſon enfant,
Par la forêt ſoudain l'emporte,
Preſſé ſur ſon cœur palpitant.
Comme en ſa joie elle l'embraſſe
Ce triſte fruit de ſes amours,
Cet innocent qui lui retrace
Le cruel qu'elle aime toujours !

Mais bientôt quelle inquiétude
En ſes tranſports la vient ſaiſir ?
Par cette vaſte ſolitude,
Foibles tous deux, que devenir ?
Le jour fuit. Elle erre tremblante;
Son enfant crie, il meurt de faim.
Mais quoi ! le trouble & l'épouvante
Ont tari le lait de ſon ſein.

Cœurs ſenſibles ! que ſes entrailles
Souffrirent dans la longue nuit !
Le jour renaît. Dans les brouſſailles,
Elle va chercher quelque fruit.
Elle revient. Qu'apperçoit-elle ?
Une Biche accourt vers l'enfant ;
Il preſſe ſa douce mammelle;
Près d'eux bondit un jeune Fan.

O grand Dieu ! le cœur d'une mere
Eſt un bel ouvrage du tien !
Son fils peut vivre, elle l'eſpere,
Ses propres maux ne lui ſont rien.
Dans le creux d'un rocher ſauvage
La Biche accompagne ſes pas,
Dans ſa main vient brouter l'herbage,
Et nourrir l'enfant dans ſes bras.

Et voilà donc la deſtinée
Qui va remplir ſes plus beaux ans !
Seule en ces bois, abandonnée
Au milieu des loups dévorans !
Des fruits verds ſont ſa nourriture,
Une mouſſe humide eſt ſon lit;
Les ennuis, les vents, la froidure,
Sont les Hôtes de ſon réduit.

Songes de la douce espérance
Portez-lui du moins vos secours!
Genevieve, attens en silence,
Tu peux retrouver tes beaux jours.
Si Dieu nous frappe, c'est un pere;
Il chérit toujours ses enfans.
Console-toi. Son bras sévere
N'est roidi que sur les méchans.

III. PARTIE.

AINSI que l'Intendant lui-même,
Comptant sa femme au rang des morts,
Siffroi de sa rigueur extrême
Commence à sentir un remords;
S'il la chasse de sa mémoire,
Genevieve y revient toujours;
Mais plus souvent il n'ose croire
Qu'elle ait pu trahir ses amours.

Rongé d'ennuis, las de la vie,
Il veut périr dans les combats;
Mais le ſort trahit ſon envie,
La mort qu'il cherche fuit ſes pas.
Le bras fatigué de carnage,
Il eſt pris & chargé de fers,
Traîne ſept ans dans l'eſclavage,
Libre enfin, repaſſe les mers.

Il arrive les yeux en larmes,
Rien ne peut calmer ſon ennui;
Ces lieux, jadis ſi pleins de charmes,
Las! qu'ils ſont triſtes aujourd'hui!
Que le Palais eſt ſolitaire!
Qu'ils ſont mornes les beaux feſtins!
Eh quoi donc, ſa longue miſere
Ne peut aſſouvir les deſtins?

Près de finir ſes jours infâmes,
L'Intendant perfide a tremblé;
Et ſon impoſture & ſes trames,
Un écrit a tout dévoilé.
A cette lecture accablante
Que devient le pâle Siffroi?
» Ciel! ma femme étoit innocente,
» Et ſon bourreau, cruel! c'eſt moi. »

Dès-lors une effroyable image
S'attache à ſes yeux, le pourſuit,
Le jour, le croiſe à ſon paſſage,
Elle eſt ſur ſa couche, la nuit.
Il voit Genevieve égorgée
Tenant ſon fils mort ſur ſon ſein,
Entend crier l'ombre outragée,
» Barbare époux, pere aſſaſſin! »

Tantôt ces images funebres
Semblent accabler ſes eſprits ;
Tantôt il court dans les ténebres,
Appellant ſa femme & ſon fils.
Il n'a de treve dans ſa peine,
Que lorſqu'au ſein des bois profonds
Un courſier rapide l'entraîne
Sur les pas des cerfs vagabonds.

Un jour une Biche eſt atteinte
D'un trait qu'il adreſſe à ſon flanc
Il la ſuit guidé par la teinte
Que l'herbe reçoit de ſon ſang.
Il voit une femme ſauvage
Qui, ſortant du fond d'un taillis,
Court à la Biche & la ſoulage ;
Un enfant la ſuit à grands cris.

Sur cette femme demi-nue
A peine il arrête les yeux,
Elle rougit, baiſſe la vue,
Se voile de ſes longs cheveux.
» Dans cette déſerte demeure,
» Malheureuſe, que faites-vous?
—» Depuis ſept ans, Seigneur, j'y pleure
» Les fureurs d'un cruel époux.

—» Votre époux? Eh, pour quelle injure?
—» D'un faux ſoupçon préoccupé,
» Las! . . . —Eh bien? —Il me croit parjure;
» Par un méchant il fut trompé.
—» Quoi! vous ſeriez.... —Je ſuis.... —Acheve.
» Quel eſt ton pays? —Le Brabant.
—» Et ton nom? —Je ſuis Genevieve.
» Oh! c'eſt ma femme & mon enfant. »

»Oui, c'eſt vous! » Il dit, il s'élance,
Il les prend, les ſerre en ſes bras.
» Je ſais, je ſais votre innocence.
» Vous tremblez? Oh! ne craignez pas.
» Pour mon erreur lâche & cruelle,
» Que vous devez bien me haïr! »
—» Cher époux, tu me crois fidelle,
» Tous mes maux viennent de finir. »

Mais autour d'eux déja s'empreſſe
La foule ardente des Chaſſeurs.
» Amis, voilà votre Maitreſſe
» Pour qui nous verſions tant de pleurs.
» Voyez mon fils. C'eſt mon image
» Qui reſpire dans tous ſes traits.
» Allons, ſur un lit de feuillage,
» Qu'on les emporte en mon Palais. »

Ils marchent. Siffroi vient derriere,
Tenant ſa femme ſur ſon ſein;
Puis vient la Biche nourriciere,
Que l'enfant flatte de ſa main.
Allez, famille fortunée,
Vos malheurs ont ceſſé leur cours.
Allez, couple heureux, l'Hymenée
Vous rend vos premieres amours.

NOTE SUR LA ROMANCE Iere.

ON peut ſupprimer dans le Chant le 2d. Couplet de la 1re. Partie, fait uniquement pour la lecture.

A la ſuite du 5me. Couplet de la 2de. Partie, il y en avoit un que j'ai retranché pour donner plus de rapidité à la narration. Je le rapporte ici, parce qu'il peint la ſituation douloureuſe d'une mere, à qui les cris de ſon enfant percent le cœur, & qui eſt réduite à ſouhaiter de les entendre, pour s'aſſurer qu'il reſpire encore.

Comment vous dire ſes alarmes?
Comment la peindre en ſa douleur,
Abreuvant ſon fils de ſes larmes,
Et le réchauffant ſur ſon cœur?
S'il ſe plaint, cent vives atteintes
Déchirent ſes ſeins éperdus,
Et s'il ceſſe un moment ſes plaintes,
Elle croit qu'il n'eſt déja plus.

L'HÉRMITE.

ROMANCE SECONDE.

CETTE *Romance est imitée de l'Anglois de* M. MALLET. *Il en a déja paru dans notre langue une imitation que nous devons à M.* FEUTRI, *si bien connu par ses Poëmes sur la Mort & sur les Tombeaux, & par son Ode aux Nations. Si j'ai osé prendre le même modèle que lui, ce n'est ni par une opinion désavantageuse de son Ouvrage, ni par de vaines idées de concurrence; mais dans le dessein que j'ai formé de composer un Recueil de Poëmes en ce genre, ce sujet m'a semblé si heureux, que je n'ai pas cru devoir le négliger. D'ailleurs, pour lui rendre un air de nouveauté, & ne pas tant m'exposer à une comparaison que tout me faisoit craindre, je me ſuis attaché à prendre un caractere de verſification & un rythme abſolument différens de ceux qu'a employés M. FEUTRI.*

C. P. Marillier. inv. E. De Ghendt. sculp.

L'HERMITE.

ROMANCE SECONDE.

HERMITE, bon Hermite ! ici, dans la bruyere,
A mes pieds égarés viens frayer un chemin.
Je vois, dans ce vallon, briller une lumiere,
Eſt-ce un hoſpice ouvert au pauvre Pélerin ?

O ! garde-toi, mon fils, d'une erreur dangereuſe,
Crains d'engager tes pas dans l'horreur de la nuit ;
Ce ſont des feux errans, dont la lueur trompeuſe
Cherche le Voyageur, l'appelle & le trahit.

Tu ne peux dans ces bois trouver un autre aſyle ;
Viens, ma porte eſt ouverte au fils de l'Etranger.
Un doux miel, quelques fruits, un lit frais & tranquille,
Voilà tous mes tréſors, tu peux les partager.

Mes agneaux dans les champs libres comme moi-même,
Craignent peu que mon bras leur raviſſe le jour.
La pitié qu'a pour moi la Puiſſance ſuprême,
A la foible brebis je la donne à mon tour.

Mais, tu le vois, au pied de ces vertes montagnes,
D'un repas innocent je cueille les douceurs;
Un lait pur, le ruiſſeau qui baigne ces campagnes,
Aiſément de ma ſoif appaiſent les ardeurs.

Viens ſous mon toit de chaume où le bonheur repoſe,
Viens, chaſſe devant toi les ennuis & les ſoins.
Nos beſoins ſur la terre, ami, ſont peu de choſe,
Et combien peu de temps avons-nous ces beſoins?

Comme en un beau matin la roſée amoureuſe
D'un lys à peine éclos cherche à s'ouvrir la fleur,
Telle de ce diſcours l'éloquence onctueuſe
Pénétroit l'Etranger & couloit dans ſon cœur.

L'Hermite prend ſa main, & vers un frais bocage
Le guide en l'animant d'un ſourire ingénu.
C'eſt-là que dans la paix d'un riant Hermitage,
Au reſte des mortels il vivoit inconnu.

Les tréſors qu'en ſes murs la cabane recele,
Ne ſont point défendus par des verroux puiſſans;
Un loquet, rattaché d'une ſimple ficelle,
Ouvre un accès facile aux beſoins des Paſſans.

Ils entrent; c'étoit l'heure, où, près de ſa famille
L'homme revient du jour ſuſpendre le labeur.
L'Hermite en ſon foyer ſouffle un feu qui pétille,
Pour récréer les ſens de ſon Hôte rêveur.

Bientôt de fruits vermeils ſa table eſt décorée;
Il choiſit les plus doux, l'invite à s'en nourrir;
Puis, laiſſant pour ce ſoir la légende ſacrée,
Par des récits joyeux il veut le réjouir.

Mais rien de l'Etranger n'adoucit la tristesse,
Du poids de sa douleur il se sent accabler;
C'est en vain qu'il combat le trouble qui le presse,
Des larmes de ses yeux commencent à couler.

L'Hermite voit ses maux, son âme en est saisie.
Jeune homme, lui dit-il, qui cause tes chagrins?
Sont-ce des biens perdus, une amitié trahie?
Est-ce un amour payé par d'injustes dédains?

Va, les plaisirs de l'or sont des biens infidelles.
Qu'est-ce que l'amitié qui fuit le malheureux?
L'amour n'est ici bas qu'au nid des tourterelles;
Dans le cœur d'une femme il haïroit ses feux.

Courage, mon ami, fuis un sexe perfide,
Je connois mieux que toi sa trompeuse douceur.
Il dit : & , sur le front de son Hôte timide,
Il voit naître à ces mots le trouble & la rougeur.

De tous ſes ſens bientôt l'Etranger perd l'uſage;
L'Hermite ſecourable entr'ouvre ſes habits ;
Par un ſein palpitant qui ſe fraye un paſſage,
D'un ſexe déguiſé les ſecrets ſont trahis.

Ce Voyageur n'eſt plus qu'une fille ingénue,
Qui reprend par degrés ſes eſprits languiſſans,
Mais qui, n'oſant ſur lui lever encor la vue,
Exhale ainſi ſa peine en ces triſtes accens.

Mon Pere, pardonnez, ſi, dans cette retraite,
Moi profâne, je viens troubler votre repos :
Vous voyez, à l'état où la douleur me jette,
Quelle tendre pitié vous devez à mes maux.

Mes yeux ont vu le jour ſur les rives du Tage;
Mon pere, que je pleure, étoit noble & puiſſant;
C'eſt pour moi qu'il aimoit ſon immenſe héritage;
Ma mere n'étoit plus, j'étois ſon ſeul enfant.

Des charmes que du Ciel j'obtins dans sa colere,
L'adolescence à peine eut déployé la fleur,
Vingt rivaux empressés, sous les yeux de mon pere,
Vinrent se disputer l'empire de mon cœur.

Les uns, nés généreux, ignoroient l'artifice,
Et par mes seuls attraits se laissoient enflammer;
D'autres, d'un faux transport masquant leur avarice,
Aimoient mon opulence, & feignoient de m'aimer.

Leurs soins, sans m'attendrir, amusoient ma jeunesse,
En vain, dans leurs tournois ils brilloient chaque jour;
Tharsis en tous ces jeux signaloit son adresse,
Et m'en offrant le prix, n'osoit parler d'amour.

Vêtu sans un vain luxe en sa noble élégance,
Il ne tenoit du sort, ni trésors, ni grandeur.
Ses talens formoient seuls l'éclat de sa naissance:
Son cœur fut tout son bien, & j'avois tout son cœur.

Les premiers feux du jour dans un Ciel ſans nuages,
La roſe épanouie au ſouffle d'un vent frais,
Ne pourroient vous offrir que de foibles images
De l'aimable candeur que reſpiroient ſes traits.

Et moi, ceignant mon front d'un rebut inflexible,
Cruelle, je plongeois ſes beaux jours dans le deuil,
Et tandis qu'à ſes feux mon âme étoit ſenſible,
Des peines qu'il ſouffroit, j'enivrois mon orgueil.

Long-temps ſon cœur ſoumis dévora ces outrages;
Mais enfin, accablé par mes ſanglans dédains,
Il traîna ſes douleurs dans ces forêts ſauvages,
Où l'on dit que le Ciel a fini ſes deſtins.

Hélas! il n'eſt donc plus, & j'ai fait ſon ſupplice!
Oh! ce n'eſt point aſſez d'un ſtérile remord,
Jamais je n'expierai mon barbare caprice,
Qu'en mourant ſur la tombe où l'enferme la mort.

Qui me la montrera cette tombe chérie ?
Et dans mon désespoir j'y cours m'ensevelir.
C'est ainsi que pour moi Tharsis perdit la vie,
C'est ainsi que pour lui je veux aussi mourir.

Non, non, dit en tombant à ses pieds qu'il embrasse
Non, dit l'Hermite en pleurs, non tu ne mourras pas.
La belle, avec fierté, repousse son audace ;
Mais quoi, Dieu ! c'est Tharsis qui la tient dans ses bras !

Regarde moi, dit-il, ô ma chere Zélie !
Oui, c'est moi, c'est Tharsis ; il t'adore toujours.
Reconnois ton Amant que tu rends à la vie,
Et qui, sans te revoir, croyoit finir ses jours.

Oh ! qui m'auroit promis le sort qui nous rassemble !
Je serai tout pour toi, tu seras tout mon bien.
Séparés si long-temps, nous vivrons donc ensemble ;
Et mon dernier soupir se perdra dans le tien.

LA FUNESTE VENGEANCE DE LA JALOUSIE.

ROMANCE TROISIEME.

QUOIQUE *le fond de cette Romance ſoit emprunté d'une Romance Angloiſe, je ne crains point de m'attribuer tout l'ouvrage, au moins pour le ſtyle & pour les détails. Le mérite de la plupart de ces petits Poëmes conſiſtant moins dans l'invention du ſujet, que dans l'expreſſion, les images & les ſentimens, j'ai tâché que ces parties m'appartinſſent toujours toutes entieres. Je revendique, entr'autres, le diſcours du tuteur à ſa femme, la comparaiſon du chien & une foule de traits dont il n'y a pas une trace dans l'original.*

C. P. Marillier inv. 1770 N. De Launay Sc.

LA FUNESTE VENGEANCE DE LA JALOUSIE.

ROMANCE TROISIEME.

PREMIERE PARTIE.

Condamnée à souffrir du jour de sa naissance,
Orpheline en ses premiers ans,
Isabelle veilloit sur sa fleur d'innocence
Chez un Seigneur de ses parens.
Or, ce Seigneur naguere avoit pris une femme,
Pour ses biens, non pour sa beauté.
Jamais des traits si durs n'annoncerent une âme
Plus noire de méchanceté.

Voyant de ſon mari la Pupille chérie
Toujours plus belle chaque jour,
La voilà qui, bientôt, ſe met en fantaiſie
Que ſon Tuteur l'aime d'amour.
D'abord elle lui montre un front rude & ſévere,
Lui dit à peine un mot, ou deux,
Puis fougueuſe bientôt l'accable, en ſa colere,
De mille reproches honteux.

Iſabelle à ſes cris oppoſoit le ſilence,
A ſes outrages le reſpect,
Crainte de ſes ſoupçons n'oſoit fuir ſa préſence,
Quoique tremblante à ſon aſpect.
En vain elle croyoit, de ſa tante cruelle,
Déſarmer un jour le courroux;
Hélas! vit-on jamais la timide Gazelle
Adoucir la fureur des Loups?

Pour n'apporter le trouble en la paix du ménage,
Taisant ses maux à son Tuteur,
Le jour, elle cachoit, sous un riant visage,
Les soucis qui poignoient son cœur.
Mais lorsque dans sa chambre à minuit retirée,
Seule, elle pouvoit s'y livrer;
Un Turc qui, par hasard, l'auroit vue éplorée,
Un Turc se fût mis à pleurer.

Son Tuteur cependant, fier de la voir si belle,
Quoique fidele à sa moitié,
Laissoit toujours ses yeux chercher ceux d'Isabelle,
Et lui sourioit d'amitié.
Puis, sans rien soupçonner de la rage funeste,
Que sa femme lui cachoit bien;
Voyez, lui disoit-il, quelle grâce modeste,
Quel affable & noble maintien!

Oh! quand nous la voudrons donner en mariage,
Maris nous viendront, je le crois;
Mais l'enfant eſt encore & ſi jeune & ſi ſage!
Prenons du temps pour un bon choix.
Je mourrois de regret, ſi cette fleur gentille
Etoit pour un indigne époux:
Plutôt que de la mettre en mauvaiſe famille,
Il la faut garder avec nous.

Ce diſcours innocent, de la méchante femme
Irrite les ſoupçons ſecrets;
Mais inſtruit des fureurs qui dévorent ſon âme,
Son mari romproit ſes projets.
Ainſi donc à ſa niece impoſant le ſilence,
Elle affecte un remords trompeur;
Et toujours dans ſon ſein nourriſſant ſa vengeance,
Lui montre une fauſſe douceur.

Par

Par un Chaſſeur ingrat vous avez vu, peut-être,
Un Chien à grands coups pourſuivi,
D'un pas humble & tremblant revenir vers ſon Maître
Lécher la main qui l'a meurtri.
Que ſon Maître lui faſſe une ſimple careſſe,
Confus, il ſe roule à ſes pieds,
Bientôt il ſe releve, il bondit d'allégreſſe,
Et tous ſes maux ſont oubliés.

Combien plus tendre encore Iſabelle à ſa tante
Prodigue de doux ſentimens !
Plus elle eut à ſouffrir de ſa rage outrageante,
Plus ſont vifs ſes embraſſemens.
Dans ſes piéges adroits qu'aiſément l'impoſture
Surprend la crédule candeur !
Las! eſt-ce avec une âme auſſi noble, auſſi pure,
Qu'on peut croire quelqu'un trompeur ?

Un jour, mandé ſoudain vers un lointain rivage,
Le bon Seigneur part à l'inſtant;
Sa femme, libre alors de ſignaler ſa rage,
Cite à ſes pieds la belle enfant.
Puis le monſtre à grands cris l'oſant charger du crime
D'uno adultere trahiſon,
Des ſcélérats gagés entraînent ſa victime
Vers une effroyable priſon.

Sous la tour du Château s'ouvre une enceinte affreuſe
Où jamais n'a percé le jour,
Les flots d'une vapeur infecte & ténébreuſe
Inondent cet impur ſéjour.
Vas-y, lui dit ſa tante, éteindre dans les larmes
L'éclat de cet œil ſuborneur,
Que l'opprobre & la faim m'y vengent de ces charmes,
Inſtrumens de mon deshonneur.

Elle dit, elle ordonne; & la vierge innocente,
Digne d'habiter dans les Cieux,
Au fond d'un noir tombeau se voit plonger vivante
Par des assassins furieux.
On s'éloigne; un vieillard reste seul, il l'écoute,
Répond à ses gémissemens:
Mais quoi! Dieu! tout à coup, quels cris percent la voûte
Mêlés d'horribles sifflemens!

Il vole vers la Dame, & la noire Furie,
Traitant de fable ses discours,
Le repousse; il retourne, au péril de sa vie,
Tenter un généreux secours.
Las! il n'est plus frappé de cette vive plainte,
Exhalée en cris douloureux,
Ce n'est plus maintenant qu'une voix foible, éteinte,
Et bientôt un silence affreux.

Elle eſt morte, dit-il, cette douce victime!
Et n'écoutant plus ſa frayeur,
Il revient vers la Dame, il oſe de ſon crime
Lui peindre toute la noirceur.
Epouvantée alors elle accourt; on s'empreſſe,
Le cachot funeſte eſt ouvert;
On y plonge un flambeau: Vois, féroce tigreſſe,
Vois quel ſpectacle t'eſt offert.

C'eſt ta niece; elle expire. Une Couleuvre énorme,
Les yeux d'un noir venin gonflés,
Autour de ce beau corps roule ſon corps difforme,
L'étouffe en des nœuds redoublés.
Dans l'accès des fureurs, dont la ſoif la tourmente,
Elle lui déchire le flanc,
Et dans ſon cœur ouvert plongeant ſa gueule ardente,
S'abreuve à longs traits de ſon ſang.

Ah! loin d'ici fuyons! fuyons! De cette image
Comment ſupporter la terreur?
Voyez notre Furie, au comble de ſa rage,
Elle-même en frémir d'horreur.
Mais quoi! Dieux! tout à coup le remords & la crainte
Troublant ſes eſprits effarés,
Elle croit des Serpens qui peuplent cette enceinte
Sentir ſes membres déchirés.

Les voyez-vous, dit-elle, à ſes mornes complices;
Comme ils s'acharnent ſur mon ſein?
Sauvez-moi, ſauvez-moi de ces affreux ſupplices;
J'attends la mort de votre main.
La mort! Non, tu vivras, ô femme abominable!
Le Ciel te doit ce châtiment.
Vis, & que, s'il ſe peut, ton délire effroyable
Ne ſoit que ton moindre tourment!

NOTE SUR LA ROMANCE IIIe.

On ne manquera point de me faire un reproche sur la différence de ton qui regne entre les deux parties de cette Romance. Mais la division que j'en ai faite en ces deux parties, les soins que j'ai pris pour que les deux airs qu'elles ont inspirés au Musicien ne pussent convenir que chacun à la sienne, & pour que cette distinction fût fortement marquée dès le premier point de leur séparation, feront, je l'espere, excuser une hardiesse qui ne peut que tourner à l'agrément de ce Recueil, en y jettant plus de variété.

PLAINTES
D'UNE FEMME
ABANDONNÉE PAR SON AMANT,
Auprès du berceau de ſon Fils.

ROMANCE QUATRIEME.

JE m'étois propoſé, en compoſant ce Recueil, de ne m'exercer ſur aucun ſujet qui ne me fournît une action complette & qui ne formât un petit Poëme régulier avec ſon intrigue & ſon dénouement, j'ai cru devoir faire une exception en faveur de celui-ci, pour l'intérêt de la ſituation qu'il préſente L'idée m'en a été inſpirée par une ancienne Ballade Ecossoise. On voit par-là jusqu'où j'ai porté mes recherches pour tâcher d'enrichir notre Littérature de trésors étrangers.

PLAINTES

D'UNE FEMME

ABANDONNÉE PAR SON AMANT.

ROMANCE QUATRIEME.

DORS, mon enfant, clos ta paupiere,
Tes cris me déchirent le cœur :
Dors, mon enfant, ta pauvre mere
A bien assez de sa douleur.

Lorsque par de douces tendresses,
Ton pere sut gagner ma foi,

Il me ſembloit dans ſes careſſes,
Naïf, innocent comme toi;
Je le crus : où ſont ſes promeſſes?
Il oublie & ſon fils & moi.

Dors, mon enfant, clos ta paupiere,
Tes cris me déchirent le cœur :
Dors, mon enfant, ta pauvre mere
A bien aſſez de ſa douleur.

Qu'à ton réveil un doux ſourire
Me ſoulage dans mon tourment!
De ton pere, pour me ſéduire,
Tel fut l'aimable enchantement.
Qu'il connoiſſoit bien ſon empire,
Et qu'il en uſe méchamment!

Dors, mon enfant, clos ta paupiere
Tes cris me déchirent le cœur :

Dors, mon enfant, ta pauvre mere
A bien aſſez de ſa douleur.

Le cruel, hélas! il me quitte,
Il me laiſſe ſans nul appui.
Je l'aimois tant avant ſa fuite!
Oh! je l'aime encore aujourd'hui.
Oui, dans quelques lieux qu'il habite,
Mon amour habite avec lui.

Dors, mon enfant, clos ta paupiere,
Tes cris me déchirent le cœur:
Dors, mon enfant, ta pauvre mere
A bien aſſez de ſa douleur.

Oui le voilà, c'eſt ſon image
Que tu retraces à mes yeux;
Ta bouche aura ſon doux langage,
Ton front ſon air vif & joyeux,

Ne prends point ſon humeur volage,
Mais garde ſes traits gracieux.

Dors, mon enfant, clos ta paupiere,
Tes cris me déchirent le cœur :
Dors, mon enfant, ta pauvre mere
A bien aſſez de ſa douleur.

Tu ne peux concevoir encore
Ce qui m'arrache ces ſanglots.
Que le chagrin qui me dévore
N'attaque jamais ton repos !
Se plaindre de ceux qu'on adore,
C'eſt le plus grand de tous les maux.

Dors, mon enfant, clos ta paupiere,
Tes cris me déchirent le cœur :
Dors, mon enfant, ta pauvre mere
A bien aſſez de ſa douleur.

ROMANCE IV.

Sur la terre il n'eſt plus perſonne
Qui ſe plaiſe à nous ſecourir;
Lorſque ton pere m'abandonne,
A qui pourrois-je recourir?
Ah! tous les chagrins qu'il me donne,
Toi ſeul tu les peux adoucir.

Dors, mon enfant, clos tâ paupiere,
Tes cris me déchirent le cœur:
Dors, mon enfant, ta pauvre mere
A bien aſſez de ſa douleur.

Mêlons nos triſtes deſtinées,
Et vivons enſemble toujours:
Deux victimes infortunées
Se doivent de tendres ſecours.
J'ai ſoin de tes jeunes années,
Tu prendras ſoin de mes vieux jours.

ROMANCE IV.

Dors, mon enfant, clos ta paupiere,
Tes cris me déchirent le cœur :
Dors, mon enfant, ta pauvre mere
A bien aſſez de ſa douleur.

AVIS AU RELIEUR.

Il faut ſupprimer ce feuillet en reliant ce Recueil & le ſuivant.

ERRATA.

Pag. 9, vers 13.e voudriez-vous, *liſez* voulez-vous.

Pag. 14, vers 13.e que le Palais, *liſez* que ce Palais.

Même pag. vers ſuivant, les beaux feſtins, *liſez* ces beaux feſtins.

Les Airs de ces Romances ſe trouveront à la fin du ſecond Recueil.

LE

PRESSENTIMENT.

ROMANCE CINQUIEME.

Un ſpectre, dit l'un d'eux, paroît vers le grand bois.
Le jour de la tempête on entendit ſa voix.
Un autre en fait d'abord la peinture effrayante,
Le crédule auditoire eſt ſaiſi d'épouvante.
Le ſilence & la peur augmentent par degré,
Et plus près du foyer, le cercle eſt reſſerré.

C'EST à ces vers pittoreſques de M. DE SAINT-LAMBERT que je dois l'idée de cette Romance. J'ai eſſayé de tracer le tableau dont il a peint l'effet. Ceux qui ſe ſont recriés ſur l'atrocité du ſujet de la funeste Vengeance de la Jalousie, *trouveront sans douce celui-ci trop lugubre. Peut-être l'aurois-je présenté mieux à sa place dans le Chant de l'Hyver*, *d'un Poëme sur* les Saisons, *où je me suis proposé de faire entrer les plus beaux morceaux de celles de* THOMPSON.

C. P. Marillier inv. 1776 De Launay junior Sc.

LE PRESSENTIMENT.

ROMANCE CINQUIEME.

C'ÉTOIT l'hiver ; minuit étoit passé ;
Bergers, troupeaux, tout dormoit au village :
Lise rêvoit à son jeune fiancé,
Depuis deux mois absent pour un voyage.

Elle pleuroit. D'un voile blanc couvert,
Soudain vers elle un fantôme s'avance.
Debout aux pieds de son lit entr'ouvert,
Il la regarde en un profond silence.

—O mon fiancé, mon Julien, est-ce toi ?
—Oui, lui dit-il, oui Lise, c'est moi-même.
—Viens-tu, Julien, pour me donner ta foi ?
—Je viens encor revoir tout ce que j'aime.

Le ſpectre alors s'éloigne de ſon lit,
Et relevant le long voile qu'il traîne,
Liſe, dit-il, ſuis-moi. Liſe le ſuit,
Et tous les deux s'avancent dans la plaine.

Un brouillard ſombre obſcurciſſoit les champs;
La lune pâle étoit dans les nuages;
On n'entendoit que le bruit des torrens,
Et des échos grondant ſur leurs rivages.

Liſe marchoit ſurmontant ſa frayeur,
Quand tout-à-coup un noir friſſon la glace.
—Julien, Julien, arrêtons-nous, j'ai peur.
—Liſe, je ſuis avec toi, ſuis ma trace.

—Mais où vas-tu? Répons-moi donc Julien,
Quel vêtement as-tu pris pour la fête?
Le ſpectre alloit, & ne répondoit rien,
Et ſeulement tournoit par fois la tête.

Ils vont ainsi par des prés, des sillons,
Par des forêts, par de vastes campagnes;
Ils vont, plongés dans le creux des vallons,
Puis gravissant le penchant des montagnes.

Un large enclos hérissé de tombeaux,
S'offre à leurs pas. Là, sur un sable inculte,
Des morts couverts de poudre & de lambeaux
Vont se heurtant dans un morne tumulte.

Pâle d'effroi, Lise s'arrête au seuil.
Mais quoi, des morts perçant la foule immense,
Julien déja se dérobe à son œuil;
Parmi les morts ardente elle s'élance.

Il l'attendoit au bord d'un souterrain.
Par cent détours errans dans les ténébres,
Dans un vieux temple ils pénétrent enfin,
Guidés de loin par deux lampes funébres.

—Ah, c'étoit donc pour éprouver mon cœur!
Dieu! que je goûte une douce ſurpriſe!
Allons, Julien, viens finir mon bonheur,
Vois-tu l'autel où tu vins fiancer Liſe?

Elle diſoit. Julien ſilentieux
S'éloignoit d'elle. —Où vas-tu donc? Regarde:
Voici l'autel, méconnois-tu ces lieux?
Viens recevoir le don que je te garde.

Mais vers la nef Julien marche à pas lents.
Dans le milieu de l'enceinte déſerte,
Elle le voit, près d'un tas d'oſſemens,
L'œil attaché ſur une tombe ouverte.

Il y deſcend, s'y couche, & ſur le bord
Il ſe ſouleve, & dévoilant ſa tête:
Liſe, tu vois, ô Liſe, je ſuis mort.
Puis un inſtant ſa voix ſourde s'arrête.

Chargé des biens que je venois t'offrir,
Je touchois presque aux bornes du village :
Le sort, disois-je, enfin va nous unir . . . .
La nuit m'égare au fond d'un bois sauvage.

Percé de coups par un lâche assassin,
On m'a donné cette demeure obscure.
Lise, tu sais de quel autre destin
Ces lieux un jour nous offrirent l'augure.

Les bras tendus, à ces mots, Lise en pleurs
Se précipite à genoux sur la biere.
—Lise, fais treve à ces vaines douleurs,
Tout nœud pour nous est rompu sur la terre.

—Non, non, Julien, Lise est toujours à toi.
Si je te perds, que m'importe de vivre ?
Et pourquoi donc ai-je reçu ta foi ?
Voici ma main, prens-la, je veux te suivre.

—Non, Lise, en paix coule ici tes beaux jours.
Attens qu'enfin le destin nous rassemble.
Les morts peut-être ont là bas leurs amours;
Et nous pourrons être à jamais ensemble.

Mais, l'entens-tu la voix qui, de ces lieux,
Aux sombres bords par trois fois me rappelle?
Lise, reçois mes funébres adieux,
Lise aime-moi, Lise sois-moi fidelle.

La tombe alors se referme à grand bruit.
Lise en sursaut se réveille, s'écrie.
Le jour naissoit. Ce jour même elle apprit
Que son amant avoit perdu la vie.

LA

LA JALOUSIE.

ROMANCE SIXIEME.

CETTE Romance est imitée d'une Idylle de M. GESSNER.

C. P. Marillier. 1776 D. Née Sculp.

LA

JALOUSIE.

ROMANCE SIXIEME.

SUR Alexis, ſur ſa bergere,
Cyprine répandoit ſes plus douces faveurs.
D'une chaîne, à la fois, ſi forte & ſi légere,
Jamais l'Amour n'avoit uni deux cœurs.
Le plus brillant Pavot de l'empire de Flore
Etoit l'image d'Alexis.
On eût peint Daphné comme un Lys,
Qui va s'épanouir au lever de l'Aurore.

Du bonheur de ces deux amans
Des soucis douloureux troubloient pourtant l'ivresse.
Le pere d'Alexis, par des maux accablans,
Sentoit la mort attaquer sa vieillesse.
Ah ! des biens dont l'amour vient flatter nos desirs
Quelque douceur que l'on espere,
En voyant souffrir un bon pere,
Quel est le fils ingrat qui songe à ses plaisirs ?

Mais le sort devient plus propice ;
Enfin, le bon vieillard trouve un terme à ses maux.
Mon fils, dit-il, aux Dieux je dois un sacrifice,
Cours dans leur Temple immoler six agneaux.
Alexis part. Trois jours d'une marche assidue
Ramenoient ses pas inquiets ;
Et l'on eût dit à ses regrets,
Qu'il eût fallu des mers traverser l'étendue.

Il part, les yeux baignés de pleurs,
Son troupeau le devance, & son chien l'accompagne.
Muet, en longs soupirs exhalant ses douleurs,
A ses côtés il cherche sa compagne.
Hélas! il ne l'a plus, & dans son désespoir,
Franchissant des plaines fleuries,
Des bois frais, de vertes prairies,
Ses yeux les parcouroient, mais c'étoit sans les voir.

A tous ces charmes insensible,
C'est Daphné qu'en tous lieux lui peignoit son amour.
Par-tout il la voyoit sous un berceau paisible,
Offrir au Ciel des vœux pour son retour.
Ce tableau cependant charmoit peu sa tristesse,
Il marchoit, le pauvre Alexis,
En se plaignant que ses brebis
Ne pussent du chevreuil emprunter la vîtesse.

Il arrive enfin, & le Dieu
Voit charger ses autels d'offrandes entassées.
Alexis de son pere ayant rempli le vœu,
Prend de l'Amour les ailes empressées.
Il vole impatient, lorsqu'auprès d'un buisson
En son pied s'enfonce une épine;
A peine il gagne la chaumine
Où vivoit chargé d'ans un pauvre bucheron.

Le vieillard panse sa blessure;
Oh! ce n'étoit pas là son plus cruel souci.
Dieux! que vous ai-je fait, suis-je impie ou parjure,
S'écrioit il, pour me punir ainsi?
Mais c'est peu des chagrins dont son ame est saisie,
C'est peu des traits de la douleur,
Il falloit qu'un Dieu dans son cœur
Vînt encore à grands flots verser la jalousie.

Malheureux, disoit-il tout bas,
Quoi! Daphné, ma Daphné pourroit m'être infidelle?
Et comment ne pas l'être avec autant d'appas?
Qui peut la voir sans soupirer pour elle?
Daphnis, je l'ai bien vu, l'aime depuis long-tems,
Il l'aime, il a su le lui dire,
Il pince si bien de la lyre,
Leurs toîts sont séparés par des bois si charmans!

Oui, Daphnis l'aime; elle l'adore:
Mon absence, sans doute, aura comblé leurs vœux.
Peut-être, lorsqu'ici la douleur me dévore,
De doux plaisirs ils s'enivrent tous deux.
Loin de moi, loin de moi ces horribles images!
Mais pourquoi les veux-je bannir?
Perfides, mes maux vont finir,
Et vous les expierez ces indignes outrages!

Chaque inſtant accroît ſa fureur.
Tantôt il voit Daphné marcher d'un pas timide
Vers l'ombrage où Daphnis ſoupire ſon ardeur.
Dans ſon œil noir brille une flamme humide.
De quel air attentif elle écoute ſes chants !
Comme ſon ame en eſt émue !
Il la voit brûlante, éperdue,
Toujours prête à voler dans ſes bras careſſans.

Tantôt, ſous la feuille nouvelle,
Il la voit s'endormir d'un ſommeil inquiet
Daphnis ſurvient, la voit, Daphnis s'approche d'elle,
Sur ſes appas fixe un œil indiſcret.
Un baiſer eſt ravi ſur ſa bouche vermeille,
Mille baiſers couvrent ſa main,
L'audacieux va ſur ſon ſein. . . .
Quoi, s'écrie Alexis, & rien ne la réveille !

Il dit, égaré, furieux,
Et ſoudain maudiſſant ſa cruelle injuſtice :
Hé! pourquoi donc mon cœur n'eſt-il ingénieux
Qu'à redoubler lui-même ſon ſupplice ?
Pardonne, ô ma Daphné! pardonne à mon amour
Ce doute horrible qui t'offenſe.
Moi ſoupçonner ton innocence!
Non, ton cœur eſt plus pur que l'aube d'un beau jour.

L'aube a ſix fois blanchi la plaine,
Et ſon mal vit encor par ſes plaintes aigri.
Mais rien ne peut dompter la fougue qui l'entraîne;
Son hôte en vain l'arrête; il eſt parti.
Il retrouve déja ſes forces affoiblies
Dans les noirs tranſports de ſon cœur;
Et faiſant taire la douleur,
Il s'éloigne à grands pas, pourſuivi des Furies.

La nuit tombe & ceint les vallons ;
Mais du flambeau du jour remplaçant la lumiere,
Diane, à la lueur de ses pâles rayons,
Lui montre au loin le toît de sa bergere.
Ah ! désormais, dit-il, fuyez pensers affreux,
C'est-là qu'habite ce que j'aime.
Demain, que dis-je, ce soir même,
Elle va me serrer dans ses bras amoureux.

Il presse sa marche ; il arrive :
Daphné dans ce moment sortoit de son verger.
C'est elle ; oui, la voilà ; c'est sa grace naïve !
C'est son corps souple, oh, c'est son pied léger !
Mais où va-t-elle ainsi ? quelle est son imprudence !
S'exposer de nuit dans les champs !
Dans ses transports impatiens,
Au-devant de mes pas peut-être elle s'avance.

Il dit à peine, & du jardin
Un jeune homme empressé suit Daphné dans la plaine.
Daphné le voit, s'arrête, & lui prenant la main,
Languissamment la retient dans la sienne.
Il lui donne un panier qu'elle prend sous son bras,
Puis sur le Berger qui la presse,
Elle se panche avec mollesse,
Et dans les champs tous deux ils marchent à grands pas.

Alexis, dévoré de rage,
D'un tremblement d'horreur, frémit dans tout son corps.
Il n'étoit donc pas vain ce funeste présage,
Moi qui n'osois en croire mes transports!
Qui que tu sois, ô Dieu! dont la bonté cruelle
M'a fait pressentir mon malheur,
Laisse-moi mourir de douleur,
Mais punis à mes yeux leur flamme criminelle.

Cependant, les bras enlacés,
Le Berger & Daphné traversent la contrée ;
Au Temple de Vénus leurs pas sont adressés.
Un bois de myrte en décoroit l'entrée.
Phébé de ses rayons semble vers ce bosquet
Les guider avec complaisance,
Et leur muette intelligence
Annonce un couple uni d'un nœud tendre & secret.

Ils vont entrer dans ce bocage,
S'écrioit en lui-même Alexis furieux.
Elle y va la perfide, & c'est sous cet ombrage
Que mille fois mon cœur reçut ses vœux.
Un feuillage importun les dérobe à ma vue.
A l'abri de ce haut buisson,
Ils vont s'asseoir sur le gazon ;
Dieux ! ne voilà-t-il point leur marche suspendue ?

Mais non, ils vont, je les revois,
Je vois briller encor sa robe blanchissante.
Que vont-ils donc chercher dans l'épaisseur du bois?
La lune éteint sa clarté pâlissante.
Sans doute ils attendoient ces profondes horreurs,
Pour voiler leurs lâches caresses.
Ah! de tes flammes vengeresses,
Viens, Mégere, éclairer leurs perfides ardeurs.

Mais quoi, la douce tourterelle
Vient d'un accent plaintif roucouler autour d'eux.
J'entens de tous côtés la tendre Philomele
Remplir les airs de ses chants amoureux.
Ils marchent cependant, ils vont hors du bocage,
Du Temple ils montent les dégrés.
Voyons si dans ces lieux sacrés
Ils oseroient porter leur sacrilege hommage.

Il les ſuit, & vers les autels
Il voit ſeule, en tremblant, s'avancer la Bergere.
Vénus ſemble y ſourire aux regards des mortels,
Et d'un œil tendre accueillir leur priere.
Proſternée à ſes pieds qu'elle orne de rubans,
Et d'une guirlande odorante,
Daphné plaintive, languiſſante,
Laiſſe avec un ſoupir échapper ces accens.

« Déeſſe des amours fidelles,
Rends-moi mon Alexis que tu m'avois donné.
Prendrois-tu donc plaiſir à mes peines cruelles ?
Tu nous promis un ſort ſi fortuné !
Si les dons des amans ont pour toi quelques charmes,
Reçois, ô Déeſſe des cœurs,
Reçois le tribut de ces fleurs,
Dont le ſein eſt encore humide de mes larmes. »

« Voilà, tu le sais, aujourd'hui,
Voilà six jours entiers que dure son absence,
Et tous les soirs pourtant, mon cœur ici pour lui
Vient réclamer ta douce bienfaisance.
N'est-ce donc pas assez éprouver nos amours?
Ah! qu'il arrive, qu'il paroisse!
Aux vifs transports de ma tendresse,
Tu connoîtras bientôt si je l'aime toujours. »

Alexis entend ce langage;
Quel torrent de plaisir se répand dans son cœur!
Phébé, de son rival éclairant le visage,
De ses soupçons avoit détruit l'erreur.
Dans l'ombre de la nuit, la timide bergere
N'osant seule aller par les champs,
Pour rassurer ses pas tremblans,
Avoit pris avec elle Hylas, son jeune frere.

APPROBATION.

J'AI lû par ordre de Monseigneur le Garde des Sceaux, des *Romances*, faisant partie des *Œuvres* de M. Berquin, & je n'y ai rien trouvé qui puisse en empêcher l'impression. A Paris, ce 15 Décembre 1776. D'HERMILLY.

PRIVILÉGE DU ROI.

LOUIS, par la Grace de Dieu, Roi de France & de Navarre, à nos amés & feaux Conseillers, &c. Notre amé le sieur BERQUIN, Nous a fait exposer qu'il desireroit faire imprimer & donner au Public un livre intitulé *Œuvres de M. Berquin, avec fig.* s'il Nous plaisoit lui accorder nos Lettres de Privilége pour ce nécessaires. A ces causes, voulant favorablement traiter l'Exposant, Nous lui avons permis & permettons par ces Présentes, de faire imprimer ledit ouvrage autant de fois que bon lui semblera, de le vendre, faire vendre & débiter partout notre Royaume pendant le tems de six années consécutives, à compter du jour de la date des Présentes, faisons défenses à tous Imprimeurs, Libraires, & autres personnes de quelque qualité & condition qu'elles soient, d'en introduire d'impression étrangere dans aucun lieu de notre obéissance, comme aussi d'imprimer, ou faire imprimer, vendre, faire vendre, & débiter ni contrefaire ledit ouvrage, ni d'en faire aucuns extraits sous quelque prétexte que ce puisse être, sans la permission expresse & par écrit dudit Exposant ou de ceux qui auront droit de lui, & de tous dépens, dommages & intérêts, &c. Commandons au premier notre Huissier, &c. Donné à Paris, le huitième jour du mois de Février, l'an de Grace mil sept cent soixante-quinze & de notre Regne le premier. Par le Roi en son Conseil.

Signé, LE BEGUE.

Regiſtré sur le Regiſtre dix-neuf de la Chambre Royale & Syndicale des Libraires & Imprimeurs de Paris N°. 110 *fol.* 359. *Conformément au Réglement de* 1723. *A Paris, le* 13 *Février* 1775. *Signé, LOTTIN jeune, Adjoint.*

De l'Imprimerie de QUILLAU, 1777.

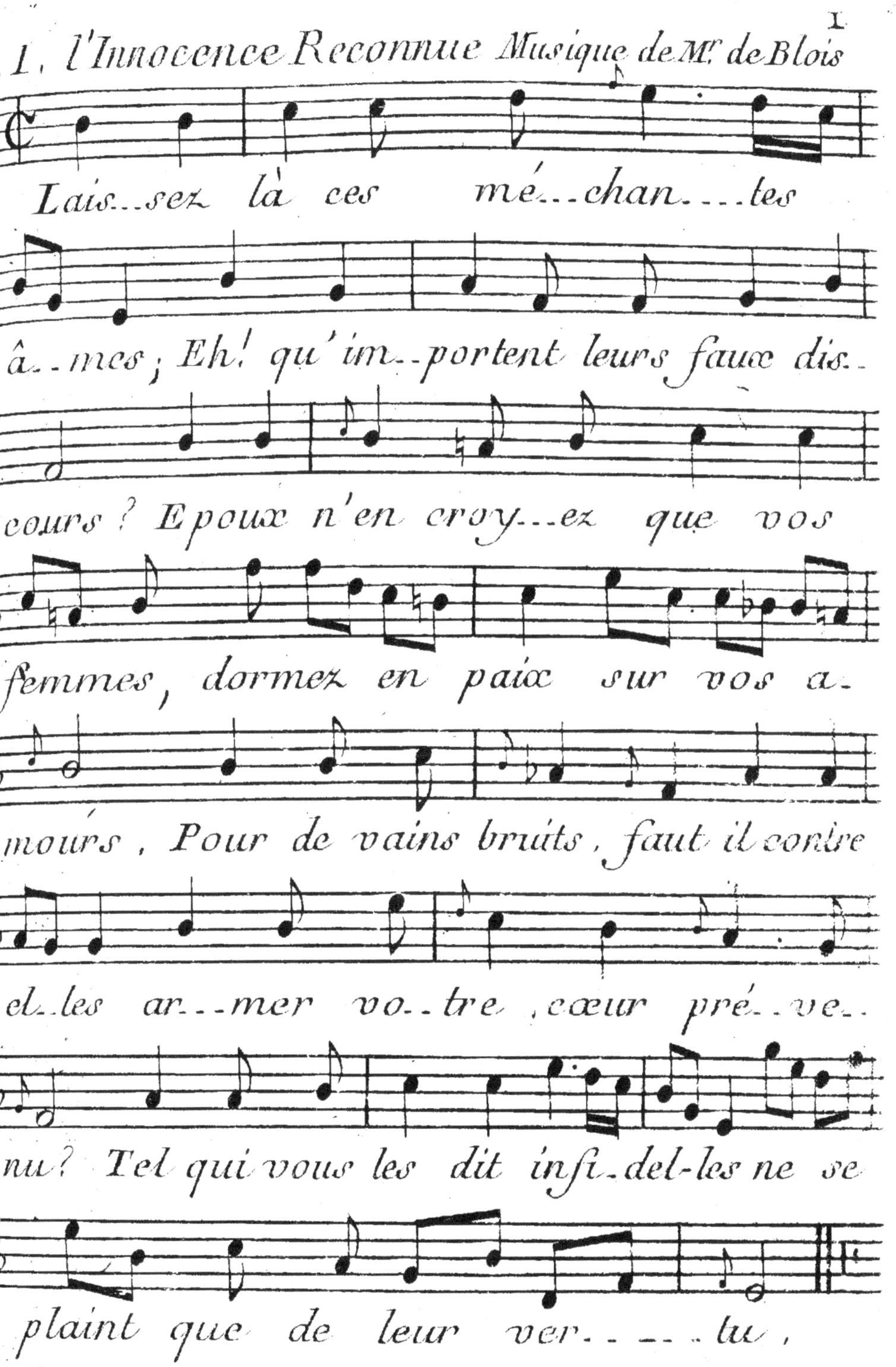
1. l'Innocence Reconnue Musique de Mr. de Blois
Lais...sez là ces mé...chan....tes
â..mes; Eh! qu'im..portent leurs faux dis..
.cours? Epoux n'en croy...ez que vos
femmes, dormez en paix sur vos a..
.mours, Pour de vains bruits, faut il contre
el..les ar...mer vo..tre, cœur pré..ve..
nu? Tel qui vous les dit infi..del-les ne se
plaint que de leur ver.......tu,

C'étoit l'hyver ; mi nuit étoit pas

Hermite, bon hermite, Ici, dans la bruye-re à

mes pieds é-ga-rés viens fray-er un chemin

Je vois dans ce vallon briller une lumie-re; est-ce

un hospice ou vert au pau-vre Pe-le-rin?

R. 1. l'Innocence Reconnue. Musique de Mr. Gramaignac.
Laissèz là ces mé..chantes a-mes Et qu'impor..
...tent leurs faux dis..cours? Epoux n'en croyez
que vos femmes, dormez en paix sur vos a-
...mours. Pour de vains bruits, faut il con..tre elles.
armer votre cœur pré...ve..nu? Tel qui vous
les dit in...fi.....dél...les, ne se
plaint que de leur ver..........tû.

R. 6. La Jalousie.

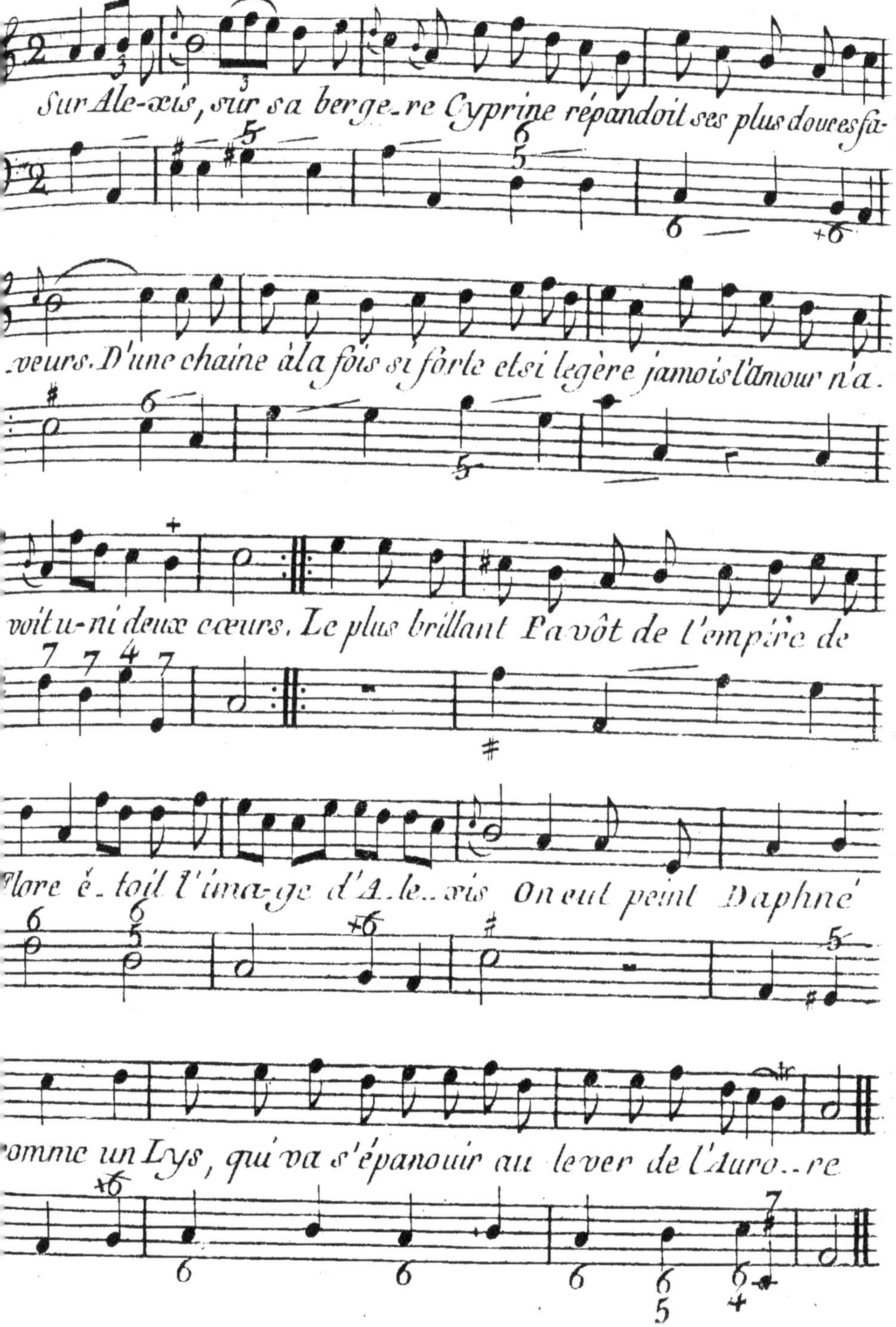

Sur Ale-xis, sur sa berge-re Cyprine répandoit ses plus douces fa-
-veurs. D'une chaine à la fois si forte et si legère jamois l'Amour n'a-
voit u-ni deux cœurs. Le plus brillant Pa-vôt de l'empire de
Flore é-toit l'ima-ge d'A-le-xis On eut peint Daphné
comme un Lys, qui va s'épanouir au lever de l'Auro-re

Majeur,
Du bonheur de ces deux amants quelques justes chagrins tro
--- bloient pourtant l'yvres-se. Le pere d'Alexis par des maux ac
--- blans, sentoit la mort attaquer sa vielles..se Ah! des bien
dont l'Amour vient flater nos desirs quelques douceurs que l'o
--- pere, en voyant souffrir un bon pere, quel est le fils ingrat qui songe à ses pla

7.
R . 3. La Funeste Vengeance.
Condamnée à souf..frir du jour de sa naissan..ce orpheli-
...ne en ses premiers ans, Isabelle veilloit sur sa fleur d'innocen..ce
chez un Seigneur de ses parents. Or ce Seigneur naguere avoit
pris u-ne fem..me, pour ses biens, non p.r sa beauté. Jamais
des traits si durs n'annoncerent une ame plus noire de méchance-té.

Idyl. 2. Le Pêcheur.
Près des bords fleuris ou le Tage, avec orgueil, roules.
flots, Indifférent encore, un Pêcheur, en ces mots, Insultoit
à l'Amour sur sa flute sauva... ge Dieu mé-
...chant, ne crois pas un jour m'asservir à ta loy cruel ... le,
tout mon trésor c'est ma nacelle, mes filets sont tout mon a...mour

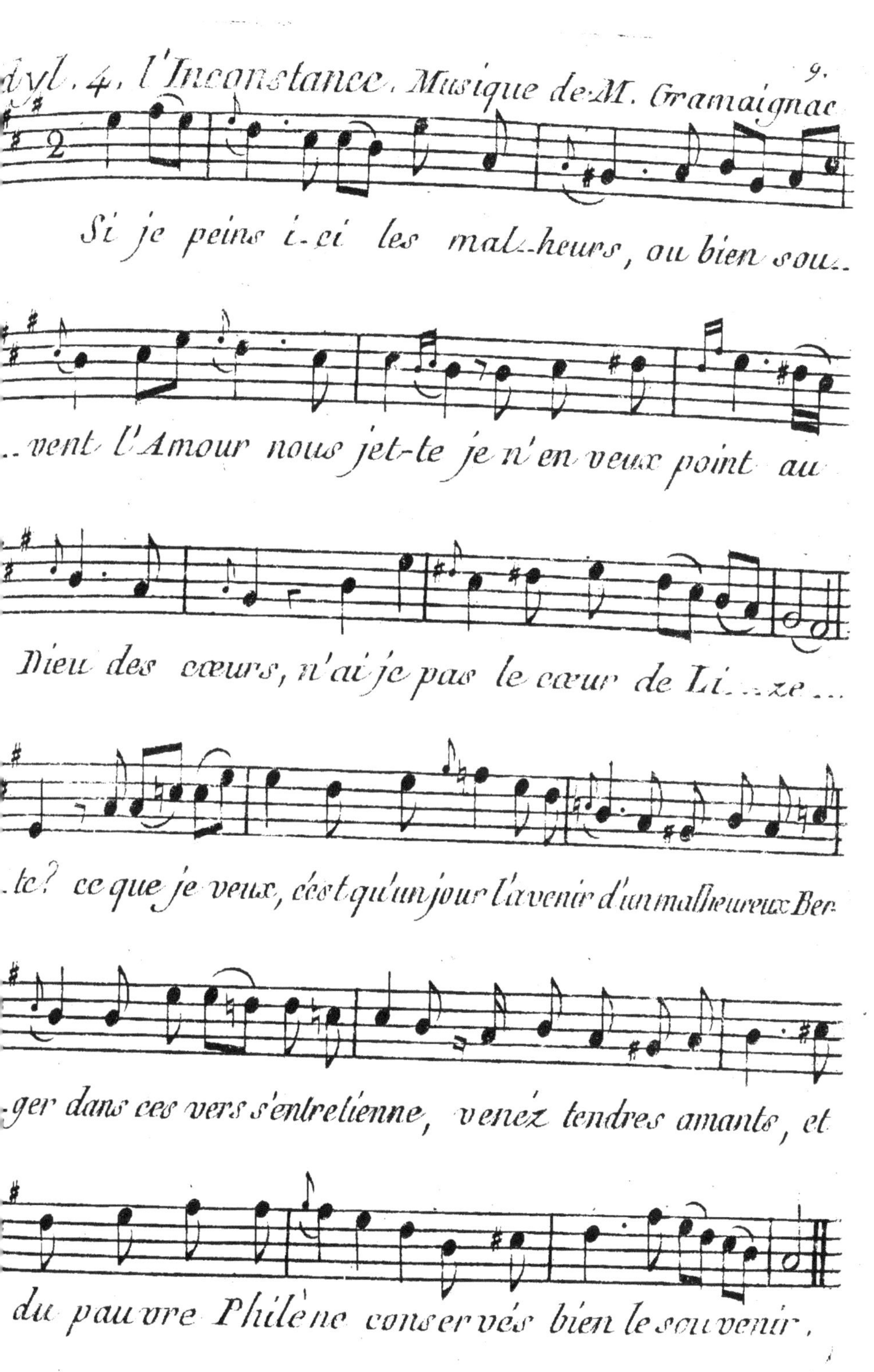
dyl. 4. l'Inconstance. Musique de M. Gramaignac
Si je peins i-ci les mal-heurs, ou bien sou-
-vent l'Amour nous jet-te je n'en veux point au
Dieu des cœurs, n'ai je pas le cœur de Li-ze-
-te? ce que je veux, c'est qu'un jour l'avenir d'un malheureux Ber-
-ger dans ces vers s'entretienne, venez tendres amants, et
du pauvre Philène conservés bien le souvenir.

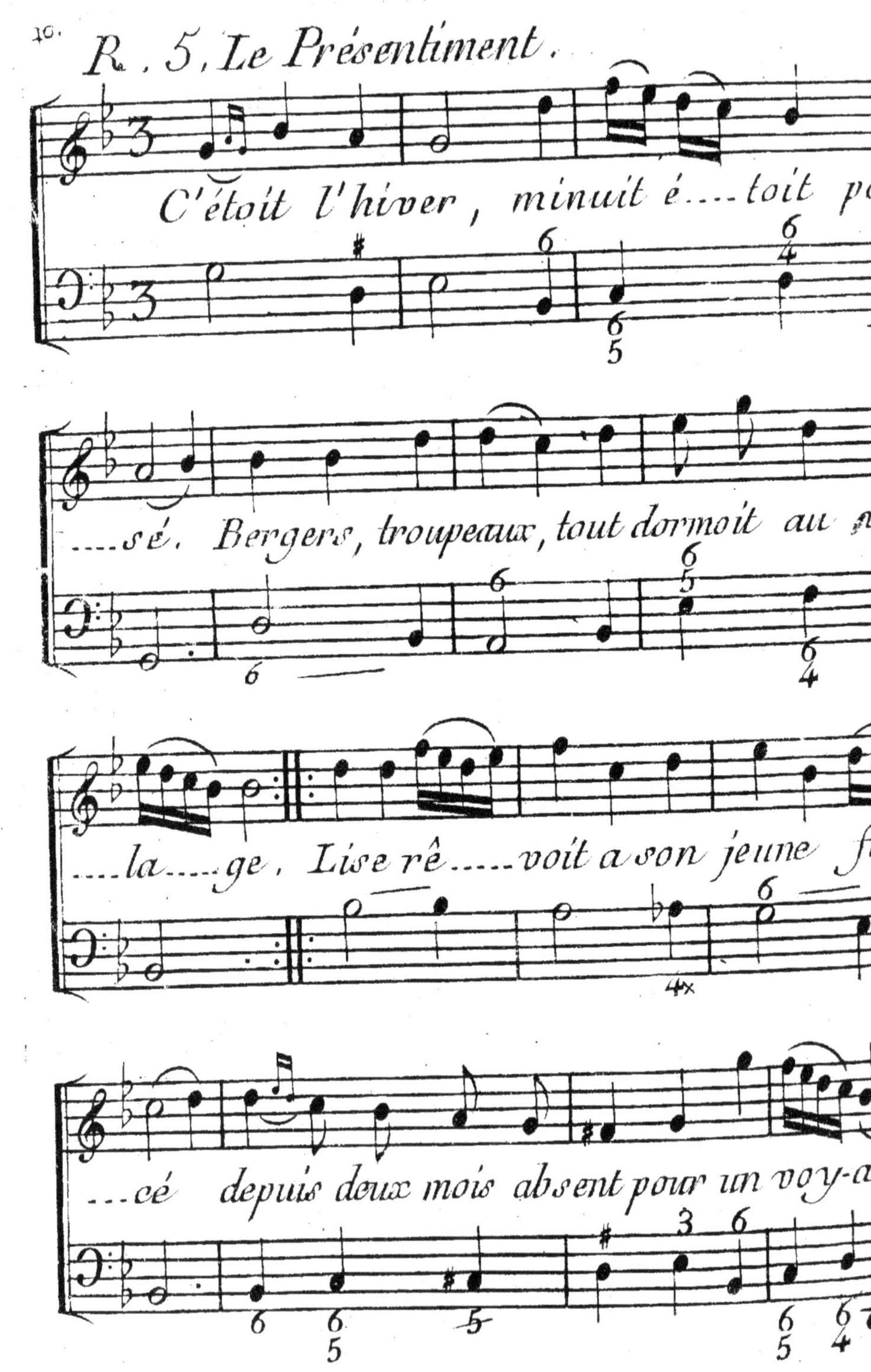
R. 5. Le Présentiment.
C'étoit l'hiver, minuit é....toit pas
....sé. Bergers, troupeaux, tout dormoit au vi
....la....ge. Lise rê.....voit a son jeune fia
...cé depuis deux mois absent pour un voy-a-

R. 4. Plaintes d'une femme abandonnée[1].

Dors, mon en-fant, clos ta pau...

...pie..re; tes cris me dé..chi..rent le

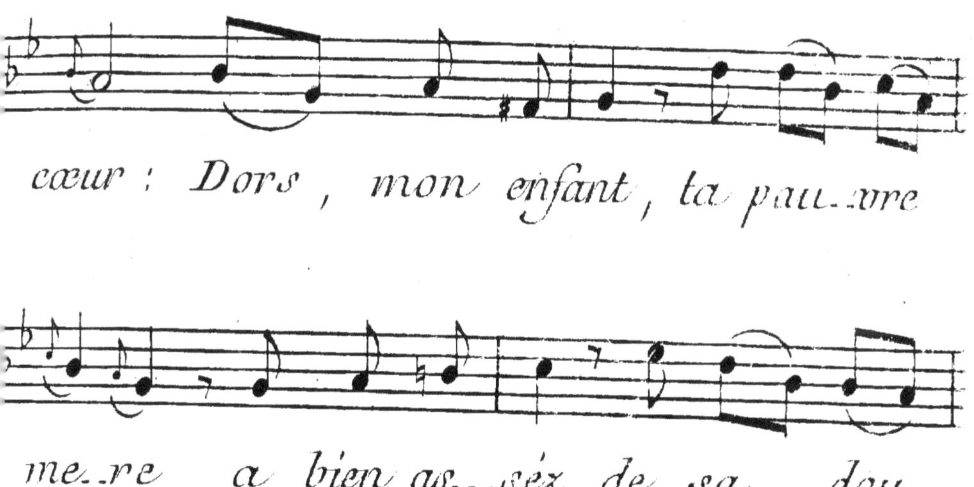

Fin

...leur. Lors que, par de dou...ces ten...

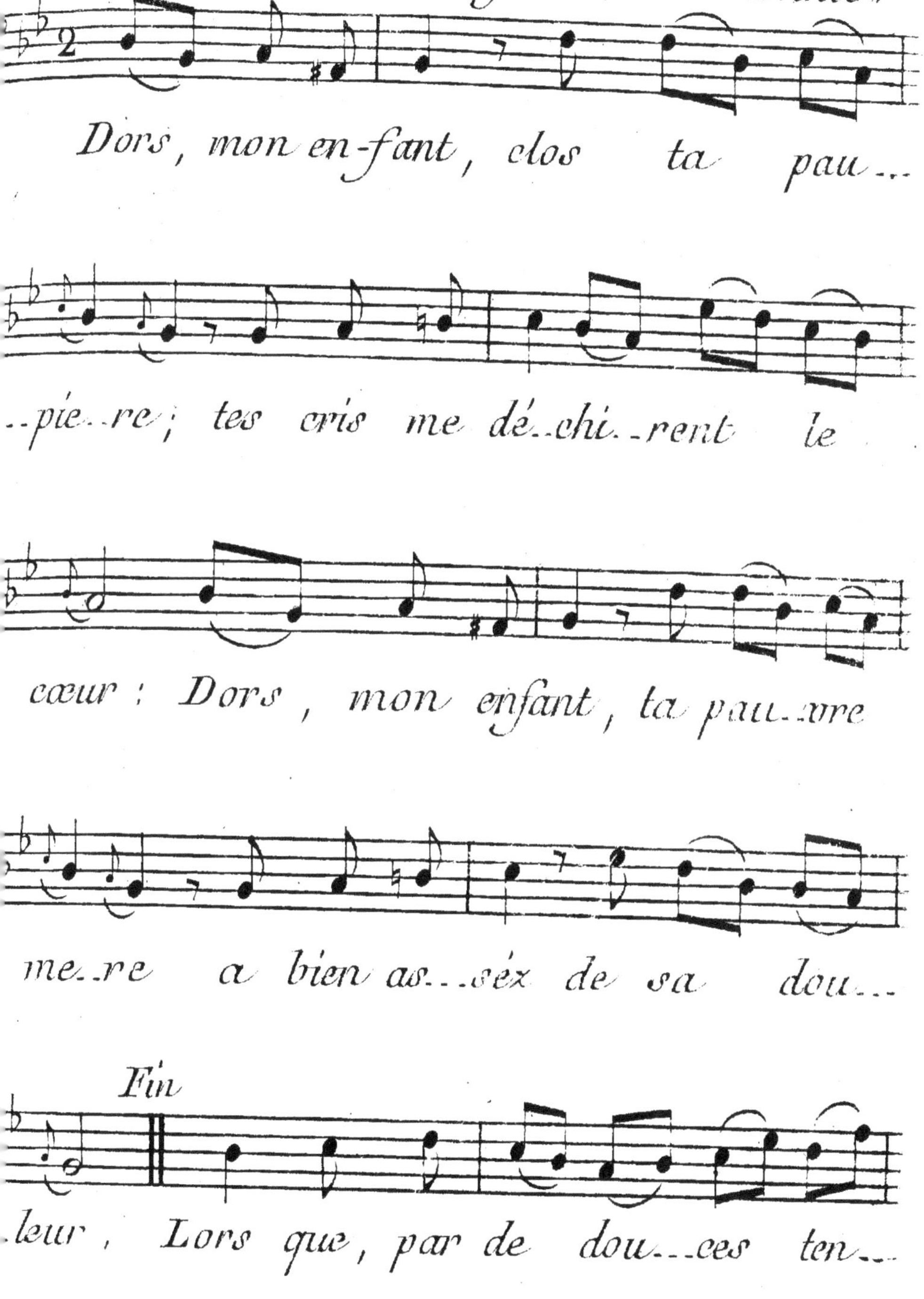

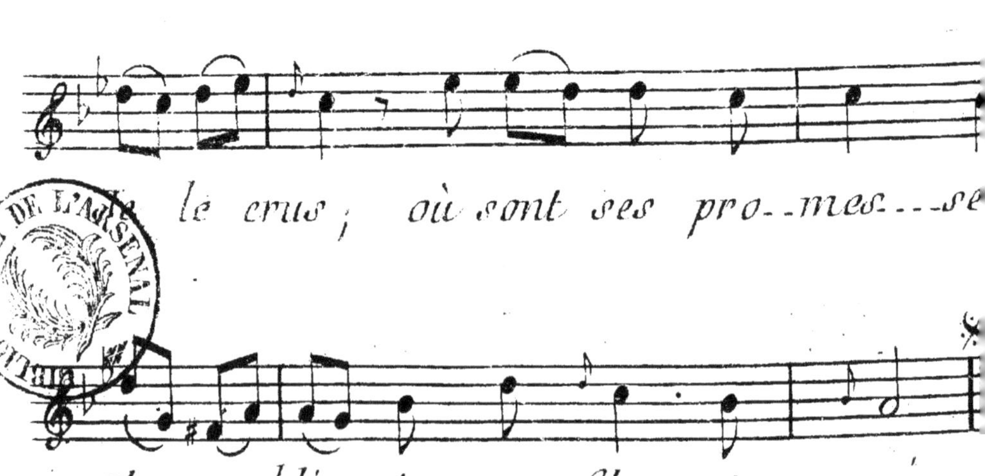

Musique de Mr. Gramaignac

www.ingramcontent.com/pod-product-compliance
Ingram Content Group UK Ltd.
Pitfield, Milton Keynes, MK11 3LW, UK
UKHW021058260726
13994UKWH00002B/563